汽车客运站安全生产监督检查指导手册

交通运输部运输服务司　审　　定
交通运输部公路科学研究院　组织编写

人民交通出版社股份有限公司
北　京

内 容 提 要

本书由行业管理机构内部综合安全监管、行业管理机构对企业的安全生产监督检查要求与检查流程、安全生产监督检查指导表三部分构成,供各级交通运输管理部门对交通运输企业进行安全生产检查、上级交通运输主管部门对下级交通运输管理部门安全生产工作履职情况检查时参考。

图书在版编目(CIP)数据

汽车客运站安全生产监督检查指导手册/交通运输部公路科学研究院组织编写. —北京:人民交通出版社股份有限公司,2021.9
ISBN 978-7-114-17391-2

Ⅰ.①汽… Ⅱ.①交… Ⅲ.①公路运输—旅客运输—交通运输安全—安全生产—安全管理—中国—手册 Ⅳ.①U492.8-62

中国版本图书馆 CIP 数据核字(2021)第 110657 号

Qiche Keyunzhan Anquan Shengchan Jiandu Jiancha Zhidao Shouce
书　　名:	汽车客运站安全生产监督检查指导手册
著　作　者:	交通运输部公路科学研究院
责任编辑:	姚　旭
责任校对:	孙国靖　宋佳时
责任印制:	刘高彤
出版发行:	人民交通出版社股份有限公司
地　　址:	(100011)北京市朝阳区安定门外外馆斜街 3 号
网　　址:	http://www.ccpcl.com.cn
销售电话:	(010)59757973
总　经　销:	人民交通出版社股份有限公司发行部
经　　销:	各地新华书店
印　　刷:	北京虎彩文化传播有限公司
开　　本:	880×1230　1/32
印　　张:	3
字　　数:	66 千
版　　次:	2021 年 9 月　第 1 版
印　　次:	2024 年 5 月　第 3 次印刷
书　　号:	ISBN 978-7-114-17391-2
定　　价:	20.00 元

(有印刷、装订质量问题的图书,由本公司负责调换)

审定委员会

蔡团结　李华强　高　博　冯立光
关笑楠　余兴源　王水平　刘明进
曹文生　褚自力　赵福成　孙　静
吴晓斌　王志甫

编写委员会

夏鸿文　李　强　何　明　曾　诚
蔡凤田　孟兴凯　吴初娜　王雪然
罗文慧　周　炜　赵　侃　刘　畅
张　琼　周　刚　刘宏利　彭建华
姜一洲

前言

为深入贯彻落实习近平总书记关于安全生产的重要指示精神,推进行业安全生产监督检查工作系统化、规范化、标准化。以提升行业安全生产治理能力为目标,以规范行业安全检查为落脚点,交通运输部运输服务司组织交通运输部公路科学研究院、交通运输部科学研究院、长安大学编写了道路运输安全生产监督检查指导手册(以下简称《指导手册》)。

《指导手册》为道路运输安全生产监督检查人员应知应会的工具书,重点解决行业管理"不会管、不想管、不敢管、不知道怎么管"的问题,既能用于各级道路运输管理部门对交通运输企业的安全生产检查,也能用于上级交通运输管理部门对下级交通运输管理部门安全生产工作履职情况的检查。

《指导手册》有利于统一检查标准和要求,通过细化各领域的检查内容和要求,避免检查单位或个人依据经验开展检查工作可能存在的盲区和漏洞;有利于规范检查程序,通过明确检查程序和检查方法等,指导检查人员有目标、有步骤、有内容地开展检查,切实落实检查的各项工作要求;有利于突出检查重点,通过行业各业务领域的检查要点,指导检查人员更有针对性地选择检查对象和内容,突出重点,提高效率;有利于推动行业安全监管责任落实,通过明确各项检查内容的检查依据、处罚依据等,指导检查人员依法依规开展检查,落实行业监管责任;有利于企业明确行业监管重点,推动企业落实安全生产责任,提升安全管理水平。

希望《指导手册》的出版,能够促进提升道路运输安全生产监督检查工作水平,指导和推动企业进一步规范安全生产管理,落实好安全生产主体责任。

编写委员会
2021 年 8 月

目 录

第一部分　行业管理机构内部综合安全监管 ……… 1
第二部分　行业管理机构对企业的安全生产
　　　　　监督检查 …………………………… 20
　第一章　检查总体要求 ……………………… 21
　第二章　检查流程 …………………………… 28
第三部分　汽车客运站安全生产监督
　　　　　检查指导表 ………………………… 31
附录　道路运输安全生产行政检查
　　　工作汇总表(式样) ……………………… 88

第一部分 行业管理机构内部综合安全监管

序号	监管职责	监管依据	检查内容	检查记录
1	设置安全管理机构及配备安全监督管理人员	《交通运输部关于推进交通运输安全体系建设的意见》（交安监发〔2015〕20号）19.加强安全管理力量配备。……交通运输安全管理部门应完善省、市、县四级安全管理机构，明确相应专职安全监督管理人员。有通航水域或农村公路交通营运车辆的乡镇按规定配备专（兼）职安全监督管理人员。……	通过资料审查和现场检查的方式，检查监管部门"三定方案"中对于安全管理机构设置及安全监督管理人员配备情况，是否配置与监管任务相匹配的专职安全监督管理人员	
2	制定安全生产权力和责任清单	《中共中央 国务院关于推进安全生产领域改革发展的意见》（八）严格追究制度。……依法依规制定各有关部门安全生产权力和责任清单，尽职照单免责、失职照单问责。……	通过资料审查的方式，检查监管部门是否制定安全生产权力和责任清单，清单是否向社会公开	

续上表

序号	监管职责	监管依据	检查内容	检查记录
3	建立健全安全生产管理制度	《交通运输部关于推进交通运输安全体系建设的意见》 2.完善安全生产制度。……各级交通运输管理部门应建立健全重点监管名单、责任追究、"一岗双责"、隐患排查治理、奖惩激励、诚信管理、监督检查、安全生产约谈、挂牌督办、巡视等安全生产管理制度。…… 《交通运输部关于进一步加强交通运输安全生产体系建设的意见》（交安监发〔2022〕4号） （九）加强法规制度建设。……加强地方性安全生产法规制度建设，健全安全生产法规政策动态评估机制，及时制修订事故调查中发现存在漏洞或缺陷的法规制度	通过资料审查的方式，检查监管部门是否制定重点监管名单、责任追究、"一岗双责"、隐患排查治理、奖惩激励、诚信管理、监督检查、安全生产约谈、挂牌督办、巡视等各项制度，各项制度是否得到严格执行，是否对制度实施情况开展动态评估并对其进行完善	

·3·

续上表

序号	监管职责	监管依据	检查内容	检查记录
4	保障安全管理工作经费	《交通运输部关于推进交通运输安全体系建设的意见》20.保障安全生产费用和工作经费。……各级交通运输管理部门应将安全管理工作经费列入年度预算,主要用于安全生产考核评价、巡视和检查、事故原因调查、宣传教育培训、企业标准化建设,宣传教育培训等。实现每年安全生产经费预算到位,专款专用。……	通过资料审查的方式,检查监管部门是否将安全生产经费列入年度预算,专门用于安全管理工作;经费是否预算到位,专款专用;经费是否使用合理,用于安全生产考核评价、巡视和检查、事故原因调查、宣传教育培训等	

续上表

序号	监管职责	监管依据	检查内容	检查记录
		《交通运输部关于进一步加强交通运输安全生产体系建设的意见》(二十)保障安全生产资金投入。推动地方交通运输管理部门加大安全基础设施建养、监管执法车船与信息化投入力度,应急设施装备和安全科技与装备及枢纽场站更新改造提供资金支持。各级交通运输管理部门将安全生产管理工作经费列入部门预算,专门用于交通运输安全生产工作,确保预算到位、专款专用		

续上表

序号	监管职责	监管依据	检查内容	检查记录
5	组织开展安全生产监督检查	《中华人民共和国安全生产法》（主席令第88号）第六十二条 县级以上地方各级人民政府应当根据本行政区域内的安全生产状况，组织有关部门按照职责分工，对本行政区域内容易发生重大生产安全事故的生产经营单位进行严格检查。应急管理部门应当按照分类分级监督管理的要求，制定安全生产年度监督检查计划，并按照年度监督检查计划进行监督检查，发现事故隐患，应当及时处理。	1.通过资料审查的方式，检查监督部门是否制定安全生产年度监督检查计划，检查事项、主要内容、检查频次、履职方式和任务分工等内容，检查对象是否包括本行政区域内容易发生重大生产安全事故的道路运输生产经营单位。 2.通过资料审查和抽查的方式，检查监管部门是否按照年度监督检查计划进行监督检查。 3.通过资料审查的方式，检查监督部门是否下发检查通报、隐患整改通知书等，督促生产经营单位及时治理事故隐患，落实安全生产主体责任。	

续上表

序号	监管职责	监管依据	检查内容	检查记录
		《交通运输部关于进一步加强交通运输安全生产体系建设的意见》(六)严格履行安全生产监管责任。……制定安全生产检查办法,编制检查手册,落实年度监督检查计划,采取随机抽查、明查暗访等方式,强化对部门安全监管履职情况和企业主体责任落实情况检查。……		

续上表

序号	监管职责	监管依据	检查内容	检查记录
6	推进风险隐患双重预防机制建设及落实	《公路水路行业安全生产风险管理暂行办法》(交安监发〔2017〕60号)① 第三十八条 属地负有安全生产监督管理职责的交通运输管理部门应将风险管控范围内的生产经营单位安全生产管理,将重大风险监督抽查纳入安全生产年度监督检查计划,明确抽查比例和方式,督促企业落实管控责任。《公路水路行业安全生产隐患治理暂行办法》(交安监发〔2017〕60号)①	1.通过资料审查的方式,检查监管部门是否健全安全生产风险研判机制,决策风险评估机制,风险防控协同机制,风险防控责任机制,是否将重大风险监督抽查纳入安全生产年度监督检查计划,是否对监督检查发现重大风险隐患,登记等工作落实不到位的生产经营单位予以监督整改,是否针对管辖范围内的重大风险建立档案。	

① 该文件自2018年1月1日起生效,有效期3年。2021年1月14日,交通运输部安全与质量监督管理司在交通运输部智能同答系统复函同时表示,"经我部认真研究,两个文件继续有效,目前正在按照程序办理文件延长有效期相关事宜。"

续上表

序号	监管职责	监管依据	检查内容	检查记录
		第四十条 属地负有安全生产监督管理职责的交通运输管理部门应建立健全重大隐患治理督办制度,并将重大隐患整改情况纳入安全生产监督检查计划内容,明确督促检查责任部门、检查范围。《交通运输部关于进一步加强交通运输安全生产体系建设的意见》(十三)强化安全生产风险管控。健全安全生产风险研判机制、决策风险防控协同机制、风险防控责任机制,全面辨识安全生产系统性、区域性、多发性和偶发性重大风险,加强风险动态监测预警,落实管控责任和措施。……	2.通过资料审查的方式,检查监管部门是否建立健全重大隐患治理督办制度,并将重大隐患监督检查情况纳入年度安全生产监督检查计划内容,是否对发现存在重大隐患的生产经营单位实行挂牌督办	

续上表

序号	监管职责	监管依据	检查内容	检查记录
7	推进安全生产信用体系建设	《交通运输部关于进一步加强交通运输安全生产体系建设的意见》(六)严格履行安全生产监管责任。……强化企业安全生产信用管理,建立基于信用等级的分级分类监管机制,依法实施失信惩戒和守信激励	1. 通过资料审查的方式,检查监管部门是否将管辖范围内的生产经营单位和从业人员安全生产信用填报工作纳入安全生产年度监督检查计划。 2. 通过资料审查的方式,检查监管部门是否建立基于安全生产信用等级分类监管机制,对政信用等级较低的生产经营单位和从业人员,依法依规采取增加监管执法频次、约谈、公开曝光、取消经营资质(格)或限制性经营、依法实施市场禁入或惩戒制人,从重处罚等措施予以惩戒	

续上表

序号	监管职责	监管依据	检查内容	检查记录
8	对有关安全生产的法律、法规和安全生产知识的宣传	《中华人民共和国安全生产法》第十三条 各级人民政府及其有关部门应当采取多种形式,加强对有关安全生产的法律、法规和安全生产知识的宣传,增强全社会的安全生产意识。《交通运输部关于推进交通运输安全体系建设的意见》17.提高安全监督管理人员业务素质。……各级交通运输管理部门应完善安全监督管理人员教育培训机制,有计划、有步骤地对各类安全监督管理人员进行轮训,切实提高综合素质和业务能力。……	1.通过资料审查的方式,检查监管部门是否组织学习贯彻习近平总书记关于安全生产重要论述,是否集中开展学习教育,是否开展经常性、系统性宣传。 2.通过资料审查的方式,检查监管部门是否组织对重要的、新制修订的涉及安全生产的法律、法规、政策、制度开展宣贯培训。 3.通过资料审查的方式,检查监管部门是否组织开展安全生产月活动,宣传道路运输行业安全生产相关法律、法规、政策、制度,开展案例警示教育。	

· 11 ·

续上表

序号	监管职责	监管依据	检查内容	检查记录
		《交通运输部关于进一步加强交通运输安全生产体系建设的意见》(二十一)强化安全生产宣传教育。加强安全生产公益宣传、案例警示教育,强化相关法律法规、安全应急知识普及……	4.通过资料审查者的方式,检查监管部门是否对安全监督管理人员进行安全管理知识轮训。5.通过资料审查开展助或者协助主管部门开展道路运输单位主要负责人、安全生产管理人员的安全生产知识和管理能力考核	

续上表

序号	监管职责	监管依据	检查内容	检查记录
9	建立安全生产举报制度	《中华人民共和国安全生产法》第七十三条 负有安全生产监督管理职责的部门应当建立举报制度,公开举报电话、信箱或者电子邮件地址等网络举报平台;受理的举报经调查核实后,应当形成书面材料,报经有关负责人签字并督促落实。对不属于本部门职责,需要由其他有关部门进行调查处理的,转交其他有关部门处理。涉及人员死亡的举报事项,应当由县级以上人民政府组织核查处理	1.通过资料审查的方式,检查监管部门是否建立举报制度,公开举报电话、信箱或者电子邮件地址等网络举报平台。 2.通过资料审查和抽查的方式,检查监管部门是否按照程序规定对举报的事项进行核实和处理;对属于本部门职责,举报属实的,是否督促处理到位;对不属于本部门职责的,是否及时转交有关部门处理	

续上表

序号	监管职责	监管依据	检查内容	检查记录
10	建立安全生产工作述职机制	《交通运输部关于推进交通运输安全体系建设的意见》 7. 落实安全生产"一岗双责"。……建立安全生产工作述职机制，各单位和各部门安全生产负责人应将述职工作履职情况作为年度述职的重要内容。……	通过资料审查的方式，检查监管部门负责人是否在年度述职中将安全生产工作履职情况作为一项内容	

· 14 ·

续上表

序号	监管职责	监管依据	检查内容	检查记录
11	落实安全生产监督管理层级责任	《交通运输部关于推进交通运输安全体系建设的意见》6.……明晰交通运输主管部门和管理机构的安全生产监督管理层级责任链条完善，监督管理层级责任有效落实。…… 《交通运输部关于进一步加强交通运输安全生产监督责任（六）严格履行安全生产监管责任。……重点监管履行安全生产监管责任，重特大安全生产事故发生，重大风险管控和公开曝光（险情）、事故频发、重大隐患整改不力，信用等级低的企业。……	1.通过资料审查的方式，检查监管部门是否落实交通路运输法律、法规、规章、政策，以及国家、上级管理部门有关安全生产工作部署。 2.通过资料审查的方式，检查监管部门是否成立安全生产委员会，安全生产委员会主任是否由主要领导担任，每季度是否至少召开一次安全生产委员会议。 3.通过资料审查的方式，检查监管部门是否对下级管理部门开展监督检查、业务指导，目标考核等。 4.通过抽查企业安全生产主体责任的落实情况，检查监管部门是否有效落实监管管理责任	

续上表

序号	监管职责	监管依据	检查内容	检查记录
12	制定生产安全事故应急救援预案,组织应急救援预案演练	《生产安全事故应急条例》(国务院令第708号) 第五条 县级以上人民政府及其负有安全生产监督管理职责的部门和乡、镇人民政府以及街道办事处等地方人民政府派出机关,应当针对可能发生的生产安全事故的特点和危害,进行风险辨识和评估,制定相应的生产安全事故应急救援预案,并依法向社会公布。 第八条 县级以上人民政府以及县级以上人民政府负有安全生产监督管理职责的部门,乡、镇人民政府以及街道办事处等地方人民政府派出机关,应当至少每2年组织1次生产安全事故应急救援预案演练	1.通过资料审查的方式,检查监管部门是否制定道路运输生产安全事故应急救援预案,考虑了可能发生的各类生产安全事故,预案编制过程中,是否进行了风险辨识和评估;预案是否定期评估和更新;预案是否依法向社会公布。 2.通过资料审查的方式,检查监管部门,至少每2年组织1次生产安全事故应急预案演练。 3.通过资料审查的方式,检查监管部门是否对应急预案演练进行了总结和评估,是否根据演练情况完善应急预案	

续上表

序号	监管职责	监管依据	检查内容	检查记录
13	安全生产事故报告和统计分析	《中华人民共和国安全生产法》第八十四条 负有安全生产监督管理职责的部门接到事故报告后，应当立即按照国家有关规定上报事故情况。负有安全生产监督管理职责的部门和有关地方人民政府对事故情况不得隐瞒不报、谎报或者迟报。《交通运输部关于推进交通运输安全体系建设的意见》9.加强完善安全生产形势研判，建立安全生产事故统计分析机制，编制分析报告。……《交通运输部关于进一步加强交通运输安全生产形势研判的意见》（十二）加强安全发展政策及热点问题研究，强化形势研判，发布分析报告。……	1.通过资料审查和抽查的方式，检查监管部门是否建立事故统计和报告制度，是否建立事故台账，发生事故是否及时报送事故快报，每月是否按期报送事故月报。2.通过资料审查的方式，检查监管部门是否定期开展事故统计分析，编制季度、半年度、年度及重点时段的事故统计分析报告	

续上表

序号	监管职责	监管依据	检查内容	检查记录
14	典型事故和重大风险事件教训吸取	《交通运输部关于推进交通运输安全体系建设的意见》 8. 严格安全生产问责追责。……相关交通运输管理部门应对事故发生单位的整改措施落实情况加强监督检查。…… 《交通运输部关于进一步加强交通运输安全生产体系建设的意见》 （十五）加强事故调查和整改落实。……建立事故暴露问题整改落实情况办理"回头看"，组织开展事故整改落实情况汲取教训度，强化教训汲取。	1. 通过资料审查和抽查企业的方式，检查监管部门是否对事故发生单位的整改措施落实情况进行监督检查，督办指导。 2. 通过资料审查的方式，检查监管部门是否积极落实事故整改措施，完善相关制度标准；是否组织开展事故回头看活动	

续上表

序号	监管职责	监管依据	检查内容	检查记录
		《中共中央 国务院关于推进安全生产领域改革发展的意见》（十九）……完善事故调查处理机制。……建立事故结案后一年内，负责事故调查的地方政府和国务院有关部门要组织开展评估，及时向社会公开，对履职不力、整改措施不落实的，依法依规严肃追究有关单位和人员责任。……		

· 19 ·

第二部分 行业管理机构对企业的安全生产监督检查

第一章 检查总体要求

一、检查名录库

交通运输主管部门及交通运输综合执法机构（以下统称监管部门）应当按照职责分工和权限范围承担相应的道路运输安全生产监督管理工作。

市级监管部门应当按照职责分工，建立健全与抽查事项相对应的检查对象名录库和执法检查人员名录库（统称"两库"）并进行动态管理。可以根据需要吸收检测机构、科研院所、行业协会和专家学者等参与，建立技术专家名录库，为检查工作提供技术支持。

1. 检查对象名录库

监管部门应当通过运政系统等途径，采集并编制辖区内检查对象名录库，按照经营规模和类别进行分类标注，明确重点监管对象名录库，并实现动态更新管理。

2. 检查人员名录库

监管部门应当建立检查人员名录库，按照业务专长进行分类标注并实现动态更新管理。进入名录库的检查人员应持有执法门类为道路运政的交通运输行政执法证，并按规定参加在岗培训。

3. 技术专家名录库

监管部门聘请第三方专业机构或者技术专家为安全生产监督检查工作提供技术支持的，应建立技术专家名录库，按照专家业务专长进行分类标注,并根据履职情况进行动态更新。

进入技术专家名录库的人员原则上应满足下列条件:

(1)熟悉道路运输安全生产法律、法规、规章、标准和规范等;

(2)具有大专及以上学历;

(3)具有道路运输相关专业高级技术职称或者从事道路运输安全管理相关工作10年以上;

(4)能够深入现场开展相关业务,具有较强的发现、分析和解决事故隐患的能力;

(5)无违法、重大违纪行为和不良信用记录;

(6)符合其他地方管理的要求。

二、检查分类

检查主要分为综合检查和专项检查。综合检查内容参见第三部分。专项检查内容可以从第三部分所列检查项目中挑选具体项目确定,也可以根据实际工作需求确定。

1. 综合检查

综合检查是指监管部门依据法定职权,按照既定的检查计划对检查对象遵守安全生产法律、法规、规章,执行安全生产行政命令等情况进行全面了解、调查和监督的行为。

2. 专项检查

专项检查是指监管部门依据法定职权,在检查计划之外,针对发生一般及以上安全生产事故的,有被上级部门督查或者转办交办、投诉举报、媒体曝光、其他部门抄告重大事故隐患或安全生产违法违规行为的,或者针对重点节假日、重大活动,对检查对象遵守安全生产法律、法规、规章,执行安全生产行政命令等情况进行专项了解、调查和监督的行为。

三、检查计划

监管部门应认真贯彻落实"安全第一、预防为主、综合治理"的方针,根据《中华人民共和国安全生产法》等有关法律法规和规章要求,结合管辖区域内安全生产工作实际,制订年度安全生产监督检查计划,并根据工作需求适时调整完善。

(一)基本要求

1. 检查计划制订要求

监管部门应当贯彻落实道路运输相关的国家、行业和地方法律、法规、规章、标准和规范性文件,结合辖区内企业安全生产基本情况、季节性因素、年度工作重点、安全生产监管职责权限、行政执法队伍组成、技术装备和经费保障等实际情况,制订年度安全生产监督检查计划,并按照规定进行公示。

监管部门可以根据上级监督管理部门要求或者重特大事故教训开展检查计划之外的监督检查。

2. 检查计划内容

年度安全生产监督检查计划应包括:检查人员、检查时间、检查对象、检查内容、检查要求等内容;专项检查按照"双随机(即随机抽取检查对象、随机选派执法检查人员)"抽查事项清单开展(含每个抽查事项的名称、抽查主体、抽查依据、抽查内容、抽查方式等内容)。

(二)分类分级管理

1. 基本要求

监管部门每年应当结合辖区内道路运输企业的经营规模、经营范围和主要经营类别,以及上一年度安全生产监督检查结果、事故发生情况以及其他相关部门抄告信息等,对辖区内道路运输企业进行分类分级管理。其中,对涉及重大事故隐患、发生一般及以上负有同等责任及以上安全生产亡人事故、违法违规及违章次数多联网联控等信息化系统违法违规报警次数多,以及信用等级为最低等级(或质量信誉考核等级为最低等级)的企业或者单位,应纳入重点监管企业名单,加大检查频次和要求。其他类型企业纳入常规监管企业名单。重点监管企业名单应当按照要求进行公示。

监管部门应当充分利用联网联控等信息化手段,加强对检查对象的动态监控,提高利用信息化手段开展企业分类分级监管效力。

2. 检查频次

(1)县级属地监管部门应当根据分类分级结果和其他安全生产监督管理安排确定综合检查次数,每年综合检查不少于1次。综合检查内容可分次完成。

(2)市州级监管部门对辖区内的重点监管企业,每年专项检查不少于1次。专项检查覆盖率和频次可结合实际工作需要确定。

(3)监管部门可会同其他承担安全生产监督管理职责的部门实行联合安全生产监督检查,联合安全生产监督检查可纳入被检查对象的检查频次统计。

(4)上级监管部门应当按照监管职责分工,定期对属地监管部门的安全生产监督检查活动进行督导,督导次数每年应不少于1次。其中,市级监管部门每年对区县级监管部门的督导应全覆盖,省级监管部门对市级监管部门的督导覆盖率不应小于50%。督导工作可以结合属地监管部门的安全生产监督检查结果开展,并视情对辖区内重点监管企业和常规监管企业分别安排不同频次和覆盖率的抽查,加大对重点监管企业的抽查比例。

四、检查工作要求

（一）检查方式

检查采用实地核查、书面检查和数据网络监测等方式，综合运用抽查、暗查、综合检查、专项检查、联合检查、设施设备监控等途径开展。

根据安全生产监督检查的方式、内容等，分别采用资料审查、查看与查证、座谈与询问等方法开展，内容如下。

（1）资料审查：通过查阅安全生产相关制度、实施记录、档案等资料，核查企业安全生产管理体系的完备性、有效性和落实程度。

（2）查看与查证：按照抽样方法，随机抽取车辆、装备、设施等，通过实地或者网络监测等方式，核查企业在车辆、装备、设施和安全生产管理方面的合规性和有效性。

（3）座谈与询问：通过现场交流和询问等方式，考查企业主要负责人、安全生产管理人员、关键岗位从业人员等相关人员对安全生产相关法规以及知识要求、安全操作技能以及突发事件应急处置的掌握程度。

各级监管部门可以单独实施安全生产监督检查，也可会同其他负有安全生产监督管理职责的部门实行联合检查，或者聘请专家参与检查，专家宜从技术专家名录库中抽选，或者在其法定权限内通过政府购买服务等方式委托具有能力的第三方服务机构实施检查，为履行安全生产监督管理工作提供专业技术支持，但不改变监管部门的监督管理责任。

（二）抽样方法

抽样方法按照"双随机（即随机抽取检查对象、随机选派执法检查人员）"抽查机制要求进行。对从业人员、装备设施、记录、档案等内容的具体抽样数量可以按照《计数抽样检验程序 第1部分:按接收质量限(AQL)检索的逐批检验抽样计划》(GB/T 2828.1—2012)的一次抽样方案一般检验水平Ⅰ进行简单随机抽样,总体数量与最低抽取样本数量见下表。

总体数量	样本数量	总体数量	样本数量
2~15	2	281~500	20
16~25	3	501~1200	32
26~90	5	1201~3200	50
91~150	8	3201~10000	80
151~280	13	10001~35000	125

凡涉及抽样检查的内容,安全生产监督检查人员对检查结果有疑问,或者认为检查事项风险较大时,可以扩大抽样比例,按照《计数抽样检验程序 第1部分:按接收质量限(AQL)检索的逐批检验抽样计划》(GB/T 2828.1—2012)的一次抽样方案一般检验水平Ⅱ进行简单随机抽样,总体数量与最低抽取样本数量见下表。

总体数量	样本数量	总体数量	样本数量
2~8	2	151~280	32
9~15	3	281~500	50
16~25	5	501~1200	80
26~50	8	1201~3200	125
51~90	13	3201~10000	200
91~150	20	10001~35000	315

(三)检查纪律

(1)安全生产监督检查人员、技术专家和第三方服务机构与被检查对象有利害关系的,应当回避。监督检查过程应当忠于职守,坚持原则,秉公执法,认真履行安全生产监督检查职责,正确行使安全生产监督检查权限。

(2)安全生产监督检查人员应当保守被检查对象的技术秘密和商业秘密,遵守被检查对象的有关规章制度,不得影响被检查对象的正常生产经营活动。

(四)检查记录

各级监管部门的检查工作记录内容应精细准确、简明扼要、结论明确。应当建立安全生产监督检查档案,并归档保存,保存期不少于3年。安全生产监督检查档案包括但不限于:

(1)安全生产年度监督检查计划;

(2)安全生产监督检查工作汇总表、记录表;

(3)安全生产监督检查相关证据(包括图片、视频、书证等);

(4)安全生产监督检查报告;

(5)事故隐患整改相关材料或行政处罚决定相关材料;

(6)受理举报情况记录(包括举报内容、调查核实情况、整改落实情况等)。

按照"谁检查、谁录入、谁公开"的原则,将抽查检查结果通过运政系统、相关监管系统以及国家企业信用信息公示系统和全国信用信息共享平台等进行公示,接受社会监督。

第二章　检查流程

一、检查准备

（1）监管部门应当依据安全生产年度监督检查计划，制定检查工作方案，工作方案应包括检查对象、人员、时间、内容等。

（2）监管部门应当根据安全生产监督检查工作方案，成立检查组，并从检查人员名录库中抽调不少于 2 名检查人员，持有合法有效的检查执法证件。可以根据实际需要，聘请技术专家（宜从技术专家库中抽取）或者具有能力的第三方服务机构参与检查。

（3）检查组应当实行组长负责制，由 1 名检查人员担任组长，明确检查组职责分工，参照第三部分《汽车客运站安全生产监督检查指导表》编制检查记录表。

（4）检查组应当提前熟悉被检查对象的相关信息。开展监督检查时，应当携带必要的文书和录音、录像或照相等取证设备。综合检查应提前 3 天告知被检查对象，专项检查可以根据实际需求，综合采用"四不两直""双随机一公开"等形式开展。

二、现场检查

（1）检查开始前，检查组组长应主动出示合法有效的交通运输行政执法证，介绍检查组人员构成，说明检查事由，向被检查对象通报检查内容。

（2）检查过程中应当有企业代表人员在场。

（3）检查人员按照安全生产监督检查计划实施检查，填写安全生产监督检查记录表和检查工作汇总表，如实记录检查的时间、地点、内容、发现的问题及其处理意见等，保存提取的证据。

（4）进行检查时，检查人员不得影响被检查对象的正常生产经营活动，对涉及被检查对象的技术秘密和商业秘密，应当履行保密职责。

（5）检查结束后，应当向被检查对象通报检查情况，并就检查过程中发现的问题和检查意见由检查人员和被检查对象的负责人签字确认。负责人拒绝签字的，检查人员应当将情况记录在案，并向实施监督检查的监管部门报告。

（6）对检查中发现的安全生产隐患，应当及时告知被检查对象，并督促被检查对象立即整改，对整改难度较大、需一定时间方能整改消除的安全生产隐患，应当下发安全生产隐患整改通知书限期整改。

（7）通过文字、影像（照相机、录音机、摄像机、执法记录仪、视频监控等记录设备）等记录形式，对监督检查过程进行记录，并归档保存。

（8）安全生产监督检查工作汇总表应一式3份，由监管部门和被检查对象存留，监管部门存留2份，被检查对象存留1份。

三、检查结果处理

（一）安全生产隐患处理

（1）实施监督检查的部门和负有安全生产监督管理职责的部门应当督促被检查对象在规定期限内完成安全生产隐患整改。

(2)实施监督检查的部门和负有安全生产监督管理职责的部门应当对被检查对象的整改措施、责任、预案的落实情况进行跟踪,督促被检查对象上报安全生产隐患整改情况报告,对已达到整改要求的隐患予以确认,对符合验收结论及验收程序的重大事故隐患予以销号。对未采取措施消除安全生产隐患的,责令立即消除或者限期消除;对拒不执行的被检查对象,依法作出行政处罚。

(二)违法违规行为处理

对检查中发现的安全生产违法行为应当按照现有的法律法规和《交通运输行政执法程序》规定的程序依法作出行政处罚,涉嫌治安管理和刑事犯罪的,应当及时移交治安管理和司法机关,对没有行政处罚权的事项应当及时移交有行政处罚权的相关部门。

第三部分 汽车客运站安全生产监督检查指导表

一、汽车客运站安全生产重点监督检查内容

序号	检查事项	检查内容	检查内容与要求	对应条款
1	人员	1. 客运站主要负责人和安全生产管理人员安全考核情况	1. 客运站主要负责人、分管安全生产负责人和专职安全生产管理人员全部有考核合格证明。 2. 考核合格证明在有效期内	二、汽车客运站安全生产基础监督检查指导表（4）
		2. 培训教育和考核	1. 企业对出站检查人员、安全例检人员、行包安检人员定期进行安全教育培训，有培训记录。 2. 培训记录内容包括时间、地点、授课人、授课内容、照片或视频资料、考核情况及签到材料等。 3. 抽查出站检查人员、安全例检人员、行包安检人员掌握岗位安全生产相关知识和操作技能	二、汽车客运站安全生产基础监督检查指导表（6）
2	运输组织	1. "三不进站、六不出站"	1. 二级及以上客运站人员进站口配备了安检设备和安检人员认真负责，对进站乘客行李物品进行安检，安检人员以下客运站采取措施对进站乘客行李物品进行安检。	三、汽车客运站安全生产现场技术管理监督检查指导表（1,4,6）

续上表

序号	检查事项	检查内容	检查内容与要求	对应条款
			2. 客运站车辆进站口有人员值守,无关人员及车辆不能进站。	
			3. 出站检查人员认真负责,按规定检查了营运客车报班手续是否齐全,驾驶员相关证件是否与报班驾驶员一致,载客人数是否与售票人数一致,乘客是否系安全带等内容,出站检查记录填写完整,有检查人员和驾驶员签字	
		2. 实名制管理	客运站对一类、二类客运班线及省级人民政府交通运输主管部门规定的实名制售票管理,所售车票记载了乘客身份信息,检查票口对票人证实证进行一致性核验	三、汽车客运站安全生产现场监督管理检查指导表(2)
		3. 行李舱载货运输管理	1. 对于开展小件快运业务的,小件快运场所配备了安检设备。 2. 有工作人员值守对托运物品进行登记、安全例检,报班、出站检查等设备	三、汽车客运站安全生产现场监督管理检查指导表(5)
		4. 重点时段的运输安全保障	重点时段,客运站采取了加大安检、安全例检,报班、出站检查等管理力度,保障运输安全	

· 33 ·

续上表

序号	检查事项	检查内容	检查内容与要求	对应条款
3	应急处置	1. 应急预案	企业制定了应急救援预案,包括综合应急预案、专项应急预案,预案内容切合实际	二、汽车客运站安全生产基础管理监督检查指导表(11)
		2. 应演练	1. 企业制定了应急预案演练计划,按规定每年至少开展1次应急预案演练,有演练记录。 2. 抽查应急救援人员掌握应急预案和应急演练内容	
4	事故警示	事故调查处理	企业按照"四不放过"的原则,对事故进行责任倒查,对相关责任人进行处理,对从业人员进行警示教育,有调查处理和警示教育记录	二、汽车客运站安全生产基础管理监督检查指导表(10)
5	双体系建设	1. 风险辨识、评估、管控	1. 企业有安全生产风险管理制度。 2. 企业辨识出存在的风险点,并对风险点进行评估分级,形成安全生产风险清单,包括重大危险源建立独立的档案。 3. 企业针对辨识出的各级风险,提出了相应的管控措施,并落实到内设部门。 4. 抽查从业人员知晓作业场所和工作岗位存在安全生产风险、防范措施	二、汽车客运站安全生产基础管理监督检查指导表(8)

续上表

序号	检查事项	检查内容	检查内容与要求	对应条款
6	安全专项经费	2. 隐患排查治理	1. 企业有安全隐患排查治理制度,隐患排查年度工作方案。 2. 企业每月都开展隐患排查,有相应的记录。 3. 对于排查出的隐患,落实了整改措施,责任人和完成时限,及时消除安全隐患。 4. 每月对排查出的隐患进行统计分析,对多发、普发的安全隐患进行了深入分析,建立治理长效机制	二、汽车客运站安全生产基础监督检查指导表(9)
		1. 按标准规范的提取和使用	1. 客运站设立了安全生产专项资金独立台账,有财务凭证证明其本年度提取比例不低于上年实际营业收入的1.5‰。 2. 客运站安全生产专项资金使用台账及财务凭证证明其设立安全生产专项资金独立台账,专款专用,经费支出范围符合要求	二、汽车客运站安全生产基础监督检查指导表(7)
		2. 安全专项经费的使用额度	企业安全生产专项资金未出现大量结余的情况	

· 35 ·

二、汽车客运站安全生产基础管理监督检查指导表

序号	检查事项	检查内容	检 查 依 据
1	资质条件	1.许可资质。 2.客运站经营范围	1.【行政法规】《中华人民共和国道路运输条例》 第三十六条 申请从事道路运输站(场)经营的,应当具备下列条件： (一)有经验收合格的运输站(场)； (二)有相应的专业人员和管理人员； (三)有相应的设备、设施； (四)有健全的业务操作规程和安全管理制度。 2.【部门规章】《道路旅客运输及客运站管理规定》 第十五条 申请从事客运站经营的,应当具备下列条件： (一)客运站经验收合格； (二)有与业务量相适应的专业人员和管理人员； (三)有相应的设备、设施； (四)有健全的业务操作规程和安全管理制度,包括服务规范、安全生产操作规程、车辆发车前例检、安全生产责任制,以及国家规定的危险物品及其他禁止携带的物品查堵、人员和车辆进出站安全管理等安全生产监督检查的制度

检查方法	检查标准	处罚依据及标准	检查记录
1.资料审查:检查客运站营业执照和道路运输经营许可证。 2.资料审查:设备、设施台账,专业人员和管理人员名册,操作规程和安全管理制度文本。 3.资料审查:检查客运站运输经营记录和合同等文件	1.营业执照和道路运输经营许可证均在有效期内。 2.设备、设施的数量、人员、安全生产制度等满足行政许可条件。 3.未出现超范围经营的行为	1.【行政法规】《中华人民共和国道路运输条例》 　第六十五条　违反本条例的规定,未经许可擅自从事道路旅客运输站(场)经营的,由县级以上地方人民政府交通运输主管部门责令停止经营;有违法所得的,没收违法所得,处违法所得2倍以上10倍以下的罚款;没有违法所得或者违法所得不足1万元的,处2万元以上5万元以下的罚款;构成犯罪的,依法追究刑事责任。 2.【部门规章】《道路旅客运输及客运站管理规定》 　第九十四条　违反本规定,有下列行为之一的,由交通运输主管部门责令停止经营;有违法所得的,没收违法所得,处违法所得2倍以上10倍以下的罚款;没有违法所得或者违法所得不足1万元的,处2万元以上5万元以下的罚款;构成犯罪的,依法追究刑事责任: 　(一)未取得客运站经营许可,擅自从事客运站经营的; 　(二)使用失效、伪造、变造、被注销等无效的客运站许可证件从事客运站经营的; 　(三)超越许可事项,从事客运站经营的	

序号	检查事项	检查内容	检 查 依 据
2	安全生产责任制	1.安全生产责任制建立情况。 2.安全生产责任制考核情况	1.【法律】《中华人民共和国安全生产法》 第二十二条 生产经营单位的全员安全生产责任制应当明确各岗位的责任人员、责任范围和考核标准等内容。 生产经营单位应当建立相应的机制,加强对全员安全生产责任制落实情况的监督考核,保证全员安全生产责任制的落实。 2.【规范性文件】《汽车客运站安全生产规范》 第六条 汽车客运站应当实行全员安全生产责任制度,落实"一岗双责"。汽车客运站的主要负责人(包括法定代表人、实际控制人,下同)为安全生产的第一责任人,全面负责汽车客运站的安全生产工作;分管安全生产的负责人协助主要负责人履行安全生产职责,对安全生产工作负组织实施和综合管理及监督的责任;其他负责人对各自职责范围内的安全生产工作负直接管理责任。 第十九条 汽车客运站经营者应当将安全生产管理指标进行细化和分解,制定阶段性的安全生产控制指标,并根据安全生产责任进行考核和奖惩,定期公布考核和奖惩情况

续上表

检查方法	检查标准	处罚依据及标准	检查记录
1. 资料审查：检查客运站制定的安全生产责任制制度文件,核查各岗位安全生产责任、目标及考核指标是否明确。 2. 询问：抽取部分关键岗位人员,考查其对自身安全生产责任、目标的掌握情况	1. 客运站制定了安全生产责任制制度文件,各岗位人员安全生产责任、目标及考核标准明确、合理。 2. 客运站按制度对各岗位人员落实安全生产责任制情况进行考核,有考核奖惩记录。 3. 抽取的关键岗位人员掌握自身安全生产责任、目标		

· 39 ·

序号	检查事项	检查内容	检查依据
3	安全生产管理制度	1. 客运站安全生产管理制度制定情况。 2. 客运站安全生产操作规程制定情况。 3. 相关人员对安全生产管理制度和安全生产操作规程内容的掌握情况	1.【法律】《中华人民共和国安全生产法》 第四条　生产经营单位必须遵守本法和其他有关安全生产的法律、法规,加强安全生产管理,建立、健全全员安全生产责任制和安全生产规章制度,改善安全生产条件,加强安全生产标准化、信息化建设,构建安全风险分级管控和隐患排查治理双重预防机制,健全风险防范化解机制,提高安全生产水平,确保安全生产。 2.【行政法规】《中华人民共和国道路运输条例》 第三十六条　申请从事道路运输站(场)经营的,应当具备下列条件: (四)有健全的业务操作规程和安全管理制度。 3.【部门规章】《道路旅客运输及客运站管理规定》 第十五条　申请从事客运站经营的,应当具备下列条件: (四)有健全的业务操作规程和安全管理制度,包括服务规范、安全生产操作规程、车辆发车前例检、安全生产责任制,以及国家规定的危险物品及其他禁止携带的物品查堵、人员和车辆进出站安全管理等安全生产监督检查的制度。

续上表

检查方法	检查标准	处罚依据及标准	检查记录
1.资料审查:检查客运站安全生产管理制度制定情况,核查制度是否齐全。 2.资料审查:检查客运站安全生产操作规程的制定情况,核查操作规程是否齐全。 3.询问:抽查部分关键岗位从业人员,考查其是否掌握相关安全生产管理制度和安全生产操作规程的内容	1.客运站安全生产管理制度文件齐全。 2.客运站安全生产操作规程文件齐全。 3.抽查的从业人员,掌握相关安全生产管理制度和安全生产操作规程的内容		

序号	检查事项	检查内容	检查依据
			4.【规范性文件】《汽车客运站安全生产规范》(交运规〔2019〕13号)中关于建立安全生产管理制度和安全生产操作规程的要求包括： (1)应建立的安全生产管理制度：a)安全生产责任制、目标考核及奖惩制度；b)安全生产会议制度；c)危险物品查堵制度；d)营运客车安全例行检查制度；e)出站检查管理制度；f)安全教育培训和宣传制度；g)隐患排查、治理及风险管控制度；h)安全生产事故报告、应急处置及责任倒查制度；i)应急预案制度；j)安全生产举报制度。 (2)应制定的安全生产操作规程：a)危险物品查堵操作规程；b)营运客车安全例行检查操作规程；c)出站检查操作规程；d)托运物品受理和安检操作规程

续上表

检查方法	检查标准	处罚依据及标准	检查记录

序号	检查事项	检查内容	检查依据
4	安全生产管理机构及安全生产管理人员	1.客运站安全生产管理机构设置情况。 2.客运站专职安全生产管理人员配备情况。 3.主要负责人和专职安全生产管理人员参加考核的情况。 4.主要负责人和专职安全生产管理人员对自身安全生产职责的掌握情况	1.【法律】《中华人民共和国安全生产法》 第二十四条 运输单位应当设置安全生产管理机构或者配备专职安全生产管理人员。 第二十七条 生产经营单位的主要负责人和安全生产管理人员必须具备与本单位所从事的生产经营活动相应的安全生产知识和管理能力。 运输单位的主要负责人和安全生产管理人员，应当由主管的负有安全生产监督管理职责的部门对其安全生产知识和管理能力考核合格。考核不得收费。 2.【规范性文件】《汽车客运站安全生产规范》 第十二条 汽车客运站的主要负责人对本单位安全生产工作负有下列职责： （一）严格执行安全生产的法律、行政法规、规章、政策和标准，组织落实管理部门的工作部署和要求； （二）建立健全本单位安全生产责任制，组织制定本单位安全生产规章制度和操作规程； （三）依法设置安全生产管理机构或者配备专职安全生产管理人员，确定分管安全生产的负责人； （四）保证本单位安全生产投入的有效实施；

续上表

检查方法	检查标准	处罚依据及标准	检查记录
1.资料审查:检查客运站安全生产管理机构设置文件及构成人员名单。 2.资料审查:检查客运站主要负责人和安全生产管理人员考核证明材料。 3.询问:抽查客运站主要负责人和安全生产管理人员是否掌握其自身安全生产职责	1.客运站专门的文件明确设置安全生产管理机构或者配备了专职安全生产管理人员。 2.客运站主要负责人和安全生产管理人员都经安全生产知识和管理能力考核合格。 3.抽查的客运站主要负责人和安全生产管理人员掌握其自身安全生产职责	【法律】《中华人民共和国安全生产法》 第九十四条 生产经营单位的主要负责人未履行本法规定的安全生产管理职责的,责令限期改正,处二万元以上五万元以下的罚款;逾期未改正的,处五万元以上十万元以下的罚款,责令生产经营单位停产停业整顿。 生产经营单位的主要负责人有前款违法行为,导致发生生产安全事故的,给予撤职处分;构成犯罪的,依照刑法有关规定追究刑事责任。 生产经营单位的主要负责人依照前款规定受刑事处罚或者撤职处分的,自刑罚执行完毕或者受处分之日起,五年内不得担任任何生产经营单位的主要负责人;对重大、特别重大生产安全事故负有责任的,终身不得担任本行业生产经营单位的主要负责人。	

序号	检查事项	检查内容	检查依据
			（五）督促、检查本单位安全生产工作,及时消除生产安全事故隐患;
			（六）组织制定并实施本单位安全生产教育培训计划;
			（七）组织制定并实施本单位的突发事件应急预案,开展应急演练;
			（八）定期组织分析本单位安全生产形势,研究解决重大安全问题;及时采纳安全生产管理机构和安全生产管理人员提出的预防措施和改进建议,并及时组织落实和整改;
			（九）及时、如实报告生产安全事故,落实生产安全事故处理的有关工作。
			第十三条 汽车客运站的安全生产管理机构及安全生产管理人员（包括分管安全生产的负责人、专职安全生产管理人员,下同）对本单位安全生产工作负有下列职责:
			（一）严格执行安全生产的法律、行政法规、规章、政策和标准,参与本单位安全生产决策;
			（二）拟订本单位安全生产管理制度、操作规程和应急预案,明确各部门、各岗位的安全生产职责,督促贯彻执行;
			（三）组织或者参与本单位安全生产宣传、教育和培训,并如实记录;

续上表

检查方法	检查标准	处罚依据及标准	检查记录
		第九十六条 生产经营单位的其他负责人和安全生产管理人员未履行本法规定的安全生产管理职责的,责令限期改正,处一万元以上三万元以下的罚款;导致发生生产安全事故的,暂停或者吊销其与安全生产有关的资格,并处上一年年收入百分之二十以上百分之五十以下的罚款;构成犯罪的,依照刑法有关规定追究刑事责任。 第九十七条 生产经营单位有下列行为之一的,责令限期改正,处十万元以下的罚款;逾期未改正的,责令停产停业整顿,并处十万元以上二十万元以下的罚款,对其直接负责的主管人员和其他直接责任人员处二万元以上五万元以下的罚款: (一)未按照规定设置安全生产管理机构或者配备安全生产管理人员的; (二)运输单位的主要负责人和安全生产管理人员未按照规定经考核合格的	

序号	检查事项	检查内容	检 查 依 据
			（四）拟订本单位安全生产投入计划,组织实施或者监督相关部门实施;
			（五）组织或者参与本单位应急救援演练;
			（六）检查本单位的安全生产状况,及时排查生产安全事故隐患,提出改进安全生产管理的建议;
			（七）制止和纠正违章指挥、强令冒险作业、违反操作规程的行为;
			（八）督促落实本单位安全生产整改措施;
			（九）及时、如实向主要负责人报告本单位生产安全事故;组织或者参与本单位生产安全事故的调查处理,承担生产安全事故统计和分析工作;
			（十）其他安全生产管理工作。
			第十四条 汽车客运站应当依法设置安全生产管理机构或者配备专职安全生产管理人员,并保持专职安全生产管理人员的相对稳定。
			第十五条 汽车客运站主要负责人和安全生产管理人员应当具备与本单位所从事的生产经营活动相应的安全生产知识和管理能力。
			汽车客运站主要负责人和安全生产管理人员应当经交通运输主管部门对其安全生产知识和管理能力考核合格,具体按照《道路运输企业主要负责人和安全生产管理人员安全考核管理办法》执行

续上表

检查方法	检查标准	处罚依据及标准	检查记录

序号	检查事项	检查内容	检查依据
5	安全生产会议	1.客运站安全生产工作会议的召开情况。2.客运站安全生产例会的召开情况	【规范性文件】《汽车客运站安全生产规范》 第十八条　汽车客运站经营者应当每季度至少召开一次安全生产工作会议,研究解决安全生产中的重大问题,安排部署阶段性安全生产工作;每月至少召开一次安全生产例会,通报和布置落实各项安全生产工作,分析查找安全生产管理制度的缺陷和安全生产管理的薄弱环节。安全生产工作会议可与安全生产例会一并召开。 发生重、特大道路客运生产安全事故、本单位发生站内人员伤亡事故或者在本单位发出的营运客车发生生产安全事故后,汽车客运站经营者应当及时召开安全生产工作会议或者安全生产例会进行分析通报,并提出针对性的事故预防措施

续上表

检查方法	检查标准	处罚依据及标准	检查记录
1.资料审查:检查客运站安全生产工作会议记录。 2.资料审查:检查客运站安全生产例会记录	1.会议次数:安全生产领导机构每季度召开1次安全生产工作会议,有会议记录。 2.会议次数:安全生产例会每月召开1次,有会议记录。 3.会议次数:发生重、特大道路客运生产安全事故、本单位发生站内人员伤亡事故或者在本单位发出的营运客车发生生产安全事故后,客运站及时召开安全生产工作会议或安全例会进行分析和通报,有记录。 4.会议内容:会议记录包括会议时间、地点、主题、参会人员签到、会议内容材料等		

序号	检查事项	检查内容	检 查 依 据
6	安全生产教育培训	1. 客运站主要负责人和安全生产管理人员初次培训和每年再培训情况。 2. 客运站从业人员的岗前培训及考核情况。	1.【法律】《中华人民共和国安全生产法》 第二十八条　生产经营单位应当对从业人员进行安全生产教育和培训,保证从业人员具备必要的安全生产知识,熟悉有关的安全生产规章制度和安全操作规程,掌握本岗位的安全操作技能,了解事故应急处理措施,知悉自身在安全生产方面的权利和义务。未经安全生产教育和培训合格的从业人员,不得上岗作业。 生产经营单位使用被派遣劳动者的,应当将被派遣劳动者纳入本单位从业人员统一管理,对被派遣劳动者进行岗位安全操作规程和安全操作技能的教育和培训。劳务派遣单位应当对被派遣劳动者进行必要的安全生产教育和培训。 生产经营单位接收中等职业学校、高等学校学生实习的,应当对实习学生进行相应的安全生产教育和培训,提供必要的劳动防护用品。学校应当协助生产经营单位对实习学生进行安全生产教育和培训。 生产经营单位应当建立安全生产教育和培训档案,如实记录安全生产教育和培训的时间、内容、参加人员以及考核结果等情况。

续上表

检查方法	检查标准	处罚依据及标准	检查记录
1.资料审查:检查客运站是否制定从业人员年度及长期继续教育培训计划。2.资料审查:检查客运站主要负责人和安全生产管理人员初次培训和每年再培训的档案,核查培训学时是否符合要求。3.资料审查:检查客运站对危险品查堵岗位工作人员和安全例检人员的岗前培训及考核记录,核查相关人员岗前是否参加培训并考核合格。	1.客运站制定了从业人员年度及长期继续教育培训计划。2.客运站主要负责人和安全生产管理人员初次培训不少于24学时,每年再培训不少于12学时,有培训记录。3.危险品查堵人员和安全例检人员上岗前参加岗前培训并有考核合格记录。4.客运站有实习学生的,有对实习学生开展安全生产教育培训的记录。	【法律】《中华人民共和国安全生产法》 第九十七条 生产经营单位有下列行为之一的,责令限期改正,可以处十万元以下的罚款;逾期未改正的,责令停产停业整顿,并处十万元以上二十万元以下的罚款,对其直接负责的主管人员和其他直接责任人员处二万元以上五万元以下的罚款: (三)未按照规定对从业人员、被派遣劳动者、实习学生进行安全生产教育和培训,或者未按照规定如实告知有关的安全生产事项的; (四)未如实记录安全生产教育和培训情况的	

序号	检查事项	检查内容	检 查 依 据
		3.客运站对从业人员统一培训情况	2.【行政法规】《中华人民共和国道路运输条例》
第二十八条　客运经营者应当加强对从业人员的安全教育、职业道德教育,确保道路运输安全。
3.【规范性文件】《汽车客运站安全生产规范》
第十七条　汽车客运站经营者应当制定对所属从业人员特别是安全生产管理人员年度及长期的继续教育培训计划,明确培训内容和年度培训时间,确保相关人员具备必要的安全生产知识和管理能力。
汽车客运站主要负责人和安全生产管理人员初次安全生产教育培训时间不少于24学时,每年再培训时间不少于12学时。
汽车客运站接收实习学生的,应当将实习学生纳入本单位从业人员统一进行安全生产教育培训。汽车客运站采用新技术、新设备,应当对从业人员进行专门的安全生产教育培训。
第二十六条　危险品查堵岗位工作人员上岗前,应当参加常见危险品识别与处置、安全检查设备使用等相关知识和技能的培训,并经汽车客运站经营者考核合格。
第二十七条　安全例检人员应当熟悉营运客车结构、检查方法和相关技术标准,并经汽车客运站考核合格

续上表

检查方法	检查标准	处罚依据及标准	检查记录
4.资料审查：客运站有实习学生的，检查是否对实习学生开展安全生产教育培训。 5.资料审查：客运站有采用新工艺、新技术、新材料或者使用新设备的，检查是否对相关从业人员开展安全生产教育培训。 6.座谈与询问：抽查危险品查堵人员和安全例检人员，考查其是否掌握危险品查堵和客车安全例检相关内容	5.客运站有采用新工艺、新技术、新材料或者使用新设备的，有对相关人员开展安全生产教育培训的记录。 6.抽查的危险品查堵人员掌握常见危险品识别与处置、安全检查设备使用等相关知识和技能。 7.抽查的安全例检人员熟悉营运客车结构、检查方法和相关技术标准		

序号	检查事项	检查内容	检查依据
7	安全生产专项资金	1.客运站安全生产专项资金的提取情况。 2.客运站安全生产专项资金的使用情况	1.【法律】《中华人民共和国安全生产法》 第二十三条 生产经营单位应当具备的安全生产条件所必需的资金投入，由生产经营单位的决策机构、主要负责人或者个人经营的投资人予以保证，并对由于安全生产所必需的资金投入不足导致的后果承担责任。 有关生产经营单位应当按照规定提取和使用安全生产费用，专门用于改善安全生产条件。安全生产费用在成本中据实列支。 安全生产费用提取、使用和监督管理的具体办法由国务院财政部门会同国务院应急管理部门征求国务院有关部门意见后制定。 2.【规范性文件】《汽车客运站安全生产规范》 第二十一条 汽车客运站经营者应当保障安全生产所必需的资金投入，可参照国务院财政、应急管理部门制定的《企业安全生产费用提取和使用管理办法》提取和使用安全生产费用

续上表

检查方法	检查标准	处罚依据及标准	检查记录
1.资料审查：检查客运站安全生产专项资金提取台账和相关财务凭证，核查其提取比例是否符合《企业安全生产费用提取和使用管理办法》的要求。 2.资料审查：检查客运站安全生产专项资金使用台账和经费支付相关财务凭证，核查其支出范围是否符合《企业安全生产费用提取和使用管理办法》的要求	1.客运站设立了安全生产专项资金独立台账，有财务凭证证明其本年度提取比例不低于上年度实际营业收入的1.5%。 2.客运站安全生产专项资金使用台账及财务凭证证明其设立安全生产专项资金独立台账、专款专用，经费支出范围符合《企业安全生产费用提取和使用管理办法》的要求	【法律】《中华人民共和国安全生产法》 第九十三条　生产经营单位的决策机构、主要负责人或者个人经营的投资人不依照本法规定保证安全生产所必需的资金投入，致使生产经营单位不具备安全生产条件的，责令限期改正，提供必需的资金；逾期未改正的，责令生产经营单位停产停业整顿。 有前款违法行为，导致发生生产安全事故的，对生产经营单位的主要负责人给予撤职处分，对个人经营的投资人处二万元以上二十万元以下的罚款；构成犯罪的，依照刑法有关规定追究刑事责任	

序号	检查事项	检查内容	检查依据
8	安全生产风险管控	1.客运站开展安全生产风险辨识、评估情况。 2.客运站开展安全生产风险管控情况	1.【法律】《中华人民共和国安全生产法》 生产经营单位应当建立安全风险分级管控制度,按照安全风险分级采取相应的管控措施。 2.【规范性文件】《汽车客运站安全生产规范》 第三十五条 汽车客运站经营者应当按照有关规定加强安全生产风险管理,适时开展安全生产风险辨识和评估,做好风险管控

续上表

检查方法	检查标准	处罚依据及标准	检查记录
1.资料审查:汽车客运站安全生产风险管理制度。 2.资料审查:检查客运站是否建立安全生产风险清单以及风险分级、管控措施的文件,重大危险源的辨识、防护措施和备案记录。 3.询问:抽查部分从业人员是否知晓作业场所和工作岗位存在安全生产风险、防范措施	1.客运站有安全生产风险管理制度。 2.客运站辨识出存在的风险点,并对风险点进行评估分级,形成安全生产风险清单,包括重大危险源建立独立的档案。 3.客运站针对辨识出的各级风险点,提出了相应的管控措施,并落实到内设各部门。 4.从业人员知晓作业场所和工作岗位存在安全生产风险、防范措施		

序号	检查事项	检查内容	检查依据
9	安全隐患排查与治理	1.客运站安全隐患排查情况。 2.客运站安全隐患治理情况	1.【法律】《中华人民共和国安全生产法》 第四十条 生产经营单位对重大危险源应当登记建档,进行定期检测、评估、监控,并制定应急预案,告知从业人员和相关人员在紧急情况下应当采取的应急措施。 第四十一条 生产经营单位应当建立健全生产安全事故隐患排查治理制度,采取技术、管理措施,及时发现并消除事故隐患。事故隐患排查治理情况应当如实记录,并通过职工大会或者职工代表大会、信息公示栏等方式向从业人员通报。其中,重大事故隐患排查治理情况应当及时向负有安全生产监督管理职责的部门和职工大会或者职工代表大会报告。 生产经营单位应当按照国家有关规定将本单位重大危险源及有关安全措施、应急措施报有关地方人民政府应急管理部门和有关部门备案。有关地方人民政府应急管理部门和有关部门应当通过相关信息系统实现信息共享。

续上表

检查方法	检查标准	处罚依据及标准	检查记录
1.资料审查:客运站安全隐患排查治理制度、隐患排查年度工作方案。 2.资料审查:抽查客运站近1年内任意2个月的隐患排查记录,核查是否定期开展隐患排查。 3.资料审查:核查客运站是否对排查出的隐患进行统计分析	1.客运站有安全隐患排查治理制度、隐患排查年度工作方案。 2.客运站每月开展隐患排查,有隐患排查记录。 3.对于排查出的隐患,落实整改措施、资金、责任人、完成时限和预案,及时消除生产安全事故隐患,有隐患整改记录。	【法律】《中华人民共和国安全生产法》 第九十七条 生产经营单位有下列行为之一的,责令限期改正,处十万元以下的罚款;逾期未改正的,责令停产停业整顿,并处十万元以上二十万元以下的罚款,对其直接负责的主管人员和其他直接责任人员处二万元以上五万元以下的罚款: (五)未将事故隐患排查治理情况如实记录或者未向从业人员通报的。 第一百零二条 生产经营单位未采取措施消除事故隐患的,责令立即消除或者限期消除,处五万元以下的罚款;生产经营单位拒不执行的,责令停产停业整顿,对其直接负责的主管人员和其他直接责任人员处五万元以上十万元以下的罚款;构成犯罪的,依照刑法有关规定追究刑事责任	

序号	检查事项	检查内容	检查依据
			2.【规范性文件】《汽车客运站安全生产规范》 第三十一条　汽车客运站经营者应当建立生产安全事故隐患排查治理制度,采用综合检查、专业检查等方式,适时组织开展生产安全事故隐患排查工作。重点检查所属工作人员的安全生产业务操作规程和各项安全生产管理制度的贯彻执行情况。 第三十二条　汽车客运站经营者应当对排查出的生产安全事故隐患进行登记和治理,落实整改措施、资金、责任人、完成时限和预案,及时消除生产安全事故隐患。 第三十三条　汽车客运站经营者应当对本单位生产安全事故隐患排查治理情况进行统计,分析事故隐患形成原因、特点及规律,对多发普发的事故隐患应当深入分析,建立事故隐患排查治理长效机制

续上表

检查方法	检查标准	处罚依据及标准	检查记录
	4.定期对排查出的隐患进行统计分析,对多发、普发的安全隐患进行了深入分析,建立治理长效机制		

序号	检查事项	检查内容	检 查 依 据
10	安全事故管理	1.客运站发生安全生产事故后，事故报告情况。 2.客运站发生安全生产事故后，吸取事故教训，落实防范和整改措施情况	1.【法律】《中华人民共和国安全生产法》 第八十三条　生产经营单位发生生产安全事故后，事故现场有关人员应当立即报告本单位负责人。 单位负责人接到事故报告后，应当迅速采取有效措施，组织抢救，防止事故扩大，减少人员伤亡和财产损失，并按照国家有关规定立即如实报告当地负有安全生产监督管理职责的部门，不得隐瞒不报、谎报或者迟报，不得故意破坏事故现场、毁灭有关证据。 2.【行政法规】《生产安全事故报告和调查处理条例》 第九条　事故发生后，事故现场有关人员应当立即向本单位负责人报告；单位负责人接到报告后，应当于1小时内向事故发生地县级以上人民政府安全生产监督管理部门和负有安全生产监督管理职责的有关部门报告。 第三十三条　事故发生单位应当认真吸取事故教训，落实防范和整改措施，防止事故再次发生。

续上表

检查方法	检查标准	处罚依据及标准	检查记录
1.资料审查:对于发生安全生产事故的客运站,检查其事故上报记录,核查其是否按规定上报事故。2.资料审查:对于发生事故或者本单位发出的客车发生安全生产事故的客运站,检查客运站事故处理记录和警示教育记录,核查客运站是否按规定对相关人员进行处理、对从业人员开展警示教育,是否制定防范和落实整改措施。	1.客运站在发生事故后于1小时之内上报交通运输管理部门和应急管理部门,有事故上报记录。2.客运站在事故发生后及时采取有效处置措施。3.客运站针对事故制定了具体的防范和整改措施,有相关文件。4.客运站对安全生产事故进行责任倒查,对相关责任人进行处理,有处理记录。		

序号	检查事项	检查内容	检 查 依 据
			3.【规范性文件】《汽车客运站安全生产规范》 第十条 发生生产安全事故后,汽车客运站经营者应当按照《生产安全事故报告和调查处理条例》等有关规定,及时报告相关部门;应当及时对汽车客运站运营和安全生产管理等情况进行倒查,并对有关责任人进行处理

续上表

检查方法	检查标准	处罚依据及标准	检查记录
3.询问：抽取部分安全生产管理人员和相关从业人员，考查其是否掌握事故教训及防范和整改措施	5.客运站针对事故，对从业人员开展了警示教育，有记录。 6.抽查的人员掌握事故教训及防范和整改措施		

序号	检查事项	检查内容	检查依据
11	应急管理	1.客运站应急体系和应急预案建立情况。 2.客运站应急演练情况	1.【法律】《中华人民共和国安全生产法》 第八十一条 生产经营单位应当制定本单位生产安全事故应急救援预案,与所在地县级以上地方人民政府组织制定的生产安全事故应急救援预案相衔接,并定期组织演练。 第八十二条 危险物品的生产、经营、储存单位以及矿山、金属冶炼、城市轨道交通运营、建筑施工单位应当建立应急救援组织;生产经营规模较小的,可以不建立应急救援组织,但应当指定兼职的应急救援人员。 2.【部门规章】《生产安全事故应急预案管理办法》 第三十三条 生产经营单位应当制定本单位的应急预案演练计划,根据本单位的事故风险特点,每年至少组织一次综合应急预案演练或者专项应急预案演练,每半年至少组织一次现场处置方案演练。

续上表

检查方法	检查标准	处罚依据及标准	检查记录
1.资料审查:检查客运站应急预案文本,核查客运站应急预案是否齐全。 2.资料审查:检查客运站建立应急队伍或者指定兼职应急救援人员的文件,核查是否建立应急队伍或者指定兼职应急救援人员。	1.客运站制定了有关自然灾害、客运量突增、公共卫生、生产安全事故应急救援以及其他突发事件等综合应急预案、专项应急预案,预案内容切合实际。 2.客运站建立了应急救援队伍或者指定兼职应急救援人员。	【法律】《中华人民共和国安全生产法》(主席令第88号) 第九十七条 生产经营单位有下列行为之一的,责令限期改正,可以处十万元以下的罚款;逾期未改正的,责令停产停业整顿,并处十万元以上二十万元以下的罚款,对其直接负责的主管人员和其他直接责任人员处二万元以上五万元以下的罚款: (六)未按照规定制定生产安全事故应急救援预案或者未定期组织演练的	

序号	检查事项	检查内容	检查依据
			3.【规范性文件】《汽车客运站安全生产规范》 第二十五条 汽车客运站经营者应当制定有关自然灾害、客运量突增、公共卫生、生产安全事故应急救援以及其他突发事件的应急预案,每年至少开展一次综合或者专项应急演练。 应急预案应当包括报告程序、应急指挥、通信联络、应急设备的储备以及处置措施等内容,并根据需要及时修订

续上表

检查方法	检查标准	处罚依据及标准	检查记录
3.资料审查:检查客运站是否制定应急预案演练计划,是否按计划每年开展1次应急演练。 4.询问:抽查部分应急处置相关人员对应急预案的掌握情况	3.客运站制定了应急预案演练计划,按规定每年至少开展1次应急预案演练,有演练记录。 4.应急处置相关人员熟知应急预案,掌握处置某类事故的知识和能力		

序号	检查事项	检查内容	检查依据
12	危险品查堵	客运站危险品查堵情况	1.【法律】《中华人民共和国反恐怖主义法》 第二十条　铁路、公路、水上、航空的货运和邮政、快递等物流运营单位应当实行安全查验制度，对客户身份进行查验，依照规定对运输、寄递物品进行安全检查或者开封验视。对禁止运输、寄递，存在重大安全隐患，或者客户拒绝安全查验的物品，不得运输、寄递。 2.【规范性文件】《汽车客运站安全生产规范》 第二十六条　汽车客运站经营者应当建立危险品查堵制度，采取以下措施防止易燃、易爆和易腐蚀等危险品进站上车： （二）设立专门的危险品查堵岗位。在进站口等关键环节对进站旅客携带的行李物品和托运行包进行安全检查，对查获的危险品应当进行登记并妥善保管或者按规定处理。 汽车客运站经营者受理客运班车行李舱载货运输业务的，托运物品登记和安全检查要求应当按照《客运班车行李舱载货运输规范》（JT/T 1135）有关规定执行

续上表

检查方法	检查标准	处罚依据及标准	检查记录
1. 资料审查：抽查客运站 1 个月的危险品查堵记录，核查客运站有无对查获的危险品进行登记并妥善保管或者按规定处理的记录。 2. 资料审查：客运站受理客运班车行李舱载货运输业务的，抽查 1 个月的托运物品登记和安全检查记录，核查是否符合《客运班车行李舱载货运输规范》(JT/T 1135—2017)的要求	1. 客运站对查获的危险品进行登记并妥善保管或者按规定处理，有记录。 2. 客运站受理客运班车行李舱载货运输业务的，托运物品登记和安全检查符合 JT/T 1135—2017 的要求，有记录		

序号	检查事项	检查内容	检查依据
13	安全例检	客运车辆安全例检情况	1.【行政法规】《中华人民共和国道路运输条例》 第四十条 道路运输站(场)经营者应当对出站的车辆进行安全检查,禁止无证经营的车辆进站从事经营活动,防止超载车辆或者未经安全检查的车辆出站。 2.【规范性文件】《汽车客运站安全生产规范》 第二十七条 汽车客运站经营者应当建立营运客车安全例行检查制度,按照《营运客车安全例行检查技术规范》的要求,对本单位始发的营运客车进行安全例行检查,并采取以下措施防止未检的营运客车(因车辆结构原因需拆卸检查的除外)出站运行: (三)严格填写《营运客车安全例行检查报告单》。安全例检人员应当在完成安全例行检查后,填写《营运客车安全例行检查报告单》,对经检查合格的营运客车签发"营运客车安全例行检查合格通知单",加盖汽车客运站安全例行检查印章。 汽车客运站经营者应当建立健全安全例行检查台账并妥善保存,保存期限不少于3个月

续上表

检查方法	检查标准	处罚依据及标准	检查记录
资料审查:抽查1个月客运站始发客运车辆的安全例检记录,核查相关客车有无安全例检合格的记录	抽查的客运车辆都有安全例检合格记录		

序号	检查事项	检查内容	检查依据
14	报班	客运车辆报班情况	【规范性文件】《汽车客运站安全生产规范》 第二十八条　汽车客运站经营者在调度营运客车发班时,应当对营运客车机动车行驶证、道路运输证、客运标志牌、"营运客车安全例行检查合格通知单"和驾驶员机动车驾驶证、从业资格证等单证进行检查,确认完备有效后方可准予报班。 汽车客运站经营者应当建立健全营运客车报班记录并妥善保存,保存期限不少于3个月
15	出站检查	客运车辆出站检查情况	【规范性文件】《汽车客运站安全生产规范》 第二十九条　汽车客运站经营者应当建立出站检查制度,配备出站检查工作人员,对出站营运客车和驾驶员的相关情况进行检查,严禁不符合条件的营运客车和驾驶员出站运营。 经出站检查符合要求的营运客车和驾驶员,汽车客运站出站检查人员应当在"出站登记表"上进行记录,并经受检营运客车驾驶员签字确认。"出站登记表"保存期限不少于3个月

续上表

检查方法	检查标准	处罚依据及标准	检查记录
资料审查：抽查1个月客运站始发客运车辆的报班记录，核查相关客车有无报班合格的记录	抽查的客运车辆都有报班合格记录		
1.资料审查：抽查1个月客运站始发客运车辆的出站检查记录，核查相关客车有无出站检查合格的记录。 2.资料审查：抽查1个月的出站检查记录，核查出站检查记录填写是否完整，驾驶员签字是否存在代签现象	1.抽查的客运车辆都有出站检查合格记录。 2.抽查的出站检查记录填写完整，不存在驾驶员代签字现象		

· 77 ·

三、汽车客运站安全生产现场技术管理监督检查指导表

序号	检查事项	检查内容	检 查 依 据
1	进站口	1.安检设备配备情况。 2.安检人员工作情况	【规范性文件】《汽车客运站安全生产规范》 第二十六条 汽车客运站经营者应当建立危险品查堵制度,采取以下措施防止易燃、易爆和易腐蚀等危险品进站上车: (三)配备必要的检查设备。一级、二级汽车客运站应当配置行包安全检查设备;三级及以下汽车客运站应当积极创造条件配置行包安全检查设备,提高危险品查堵效率和质量。 危险品查堵岗位工作人员在岗期间,应当严格遵守岗位工作要求,不得开展与工作无关的活动
2	检票口	1.检票口管理情况。 2.票、人、证核对情况	【部门规章】《道路旅客运输及客运站管理规定》 第五十条 实行实名制管理的,旅客乘车前,客运站经营者应当对客票记载的身份信息与旅客及其有效身份证件原件进行一致性核对并记录有关信息

检查方法	检查标准	处罚依据及标准	检查记录
1. 查看与查证：检查安检设备配备数量是否符合要求。 2. 查看与查证：检查危险品查堵岗位工作人员是否在岗，是否按规范进行检查，有无与工作无关的其他活动	1. 一级标准客运站配置行包安全检查设备2套，二级标准客运站配置行包安全检查设备1套，并保持设备运行正常。 2. 危险品查堵岗位工作人员在岗并按规范进行检查，未进行与工作无关的活动		
查看与查证：检查检票口管理情况，核查检票口是否对票、人、证进行一致性核验，是否存在无关人员随意出入检票口现象	1. 检票口对票、人、证进行一致性核验。 2. 不存在无关人员随意出入检票口现象		

序号	检查事项	检查内容	检查依据
3	客车安全例检场所	1.安全例检执行情况。 2.灭火器配备情况	【规范性文件】《汽车客运站安全生产规范》 第二十七条 汽车客运站经营者应当建立营运客车安全例行检查制度,按照《营运客车安全例行检查技术规范》的要求,对本单位始发的营运客车进行安全例行检查,并采取以下措施防止未检的营运客车(因车辆结构原因需拆卸检查的除外)出站运行: (二)设置专门的检查场地,配备必要的设施设备

续上表

检查方法	检查标准	处罚依据及标准	检查记录
1. 查看与查证：随机抽查一辆客运车辆现场安全例检过程，核查安全例检内容是否符合《营运客车安全例行检查技术规范》的要求。 2. 查看与查证：检查安全例检场所有无警示标志，安全例检工具是否齐全，是否配备安全防护用品。 3. 查看与查证：检查安全例检场所配备的灭火器数量是否符合要求、在有效期内	1. 抽查的客运车辆安全例检内容符合《营运客车安全例行检查技术规范》的要求。 2. 安全例检场所设置了警示标志，安全例检公交配备符合《汽车客运站安全生产规范》中附件1《营运客车安全例行检查技术规范》的要求，配备了安全帽等安全防护用品。 3. 安全例检场所配备的灭火器压力值在正常范围内		

· 81 ·

序号	检查事项	检查内容	检查依据
4	报班场所	报班执行情况	【规范性文件】《汽车客运站安全生产规范》 第二十八条 汽车客运站经营者在调度营运客车发班时，应当对营运客车机动车行驶证、道路运输证、客运标志牌、"营运客车安全例行检查合格通知单"和驾驶员机动车驾驶证、从业资格证等单证进行检查，确认完备有效后方可准予报班
5	小件快运场所	1. 安全检查设备配备情况。 2. 工作人员值守情况	【规范性文件】《汽车客运站安全生产规范》 第二十六条 汽车客运站经营者受理客运班车行李舱载货运输业务的，托运物品登记和安全检查要求应当按照《客运班车行李舱载货运输规范》（JT/T 1135）有关规定执行

续上表

检查方法	检查标准	处罚依据及标准	检查记录
查看与查证:随机抽查一辆客运车辆现场报班过程,核查报班过程中核查的单证是否符合要求	抽查的客运车辆报班过程,核查了营运客车机动车行驶证、道路运输证、客运标志牌、"营运客车安全例行检查合格通知单"和驾驶员机动车驾驶证、从业资格证等单证		
查看与查证:对于开展小件快运业务的客运站,检查小件快运场所是否配备安检设备,有无工作人员值守,对托运物品进行登记和安全检查	1. 对于开展小件快运业务的,小件快运场所配备了安检设备。 2. 有工作人员值守,对托运物品进行登记和安全检查		

序号	检查事项	检查内容	检 查 依 据
6	出站口	出站检查执行情况	【规范性文件】《汽车客运站安全生产规范》 第二十九条　汽车客运站经营者应当建立出站检查制度，配备出站检查工作人员，对出站营运客车和驾驶员的相关情况进行检查，严禁不符合条件的营运客车和驾驶员出站运营。出站检查主要包括以下内容： （一）检查出站营运客车报班手续是否完备，确保营运客车出站前机动车行驶证、道路运输证、客运标志牌、"营运客车安全例行检查合格通知单"等单证经客运站查验合格； （二）核验每一名当班驾驶员持有的从业资格证、机动车驾驶证，确保受检驾驶员与报班的驾驶员一致； （三）清点营运客车载客人数，确保营运客车不超载出站。如发现营运客车有超载行为，应当立即制止，并采取相应措施安排旅客改乘； （四）检查旅客安全带系扣情况，确保营运客车出站时所有旅客系好安全带

续上表

检查方法	检查标准	处罚依据及标准	检查记录
查看与查证:随机抽查一辆客运车辆出站检查过程,核查出站检查内容是否符合要求	出站人员按规定的检查内容,开展出站检查工作		

序号	检查事项	检查内容	检查依据
7	安全隐患治理	汽车客运站对排查出的安全生产隐患的治理情况	1.【法律】《中华人民共和国安全生产法》 第四十一条　生产经营单位应当建立健全生产安全事故隐患排查治理制度，采取技术、管理措施，及时发现并消除事故隐患。事故隐患排查治理情况应当如实记录，并通过职工大会或者职工代表大会、信息公示栏等方式向从业人员通报。 2.【规范性文件】《汽车客运站安全生产规范》 第三十二条　汽车客运站经营者应当对排查出的生产安全事故隐患进行登记和治理，落实整改措施、资金、责任人、完成时限和预案，及时消除生产安全事故隐患

续上表

检查方法	检查标准	处罚依据及标准	检查记录
查看与查证:抽查2~3处一般安全隐患及其治理情况,对排查出的隐患是否落实闭环治理的要求	抽查的一般安全生产隐患,汽车客运站均按规定落实了闭环治理措施	【法律】《中华人民共和国安全生产法》 第一百零二条 生产经营单位未采取措施消除事故隐患的,责令立即消除或者限期消除,处五万元以下的罚款;生产经营单位拒不执行的,责令停产停业整顿,对其直接负责的主管人员和其他直接责任人员处五万元以上十万元以下的罚款;构成犯罪的,依照刑法有关规定追究刑事责任	

附录 道路运输安全生产行政检查工作汇总表(式样)

被检查单位	
检查方式	
具体检查情况 (可以附相关影像、图片、文件等材料)	(可以加附页)
检查意见:	(可以加附页)
检查人员(签名):_____	被检查单位(盖章):_____ 被检查单位负责人(签名):_____
检查日期:_____年_____月_____日	

注:本表一式3份,监管部门存留2份,被检查单位存留1份。